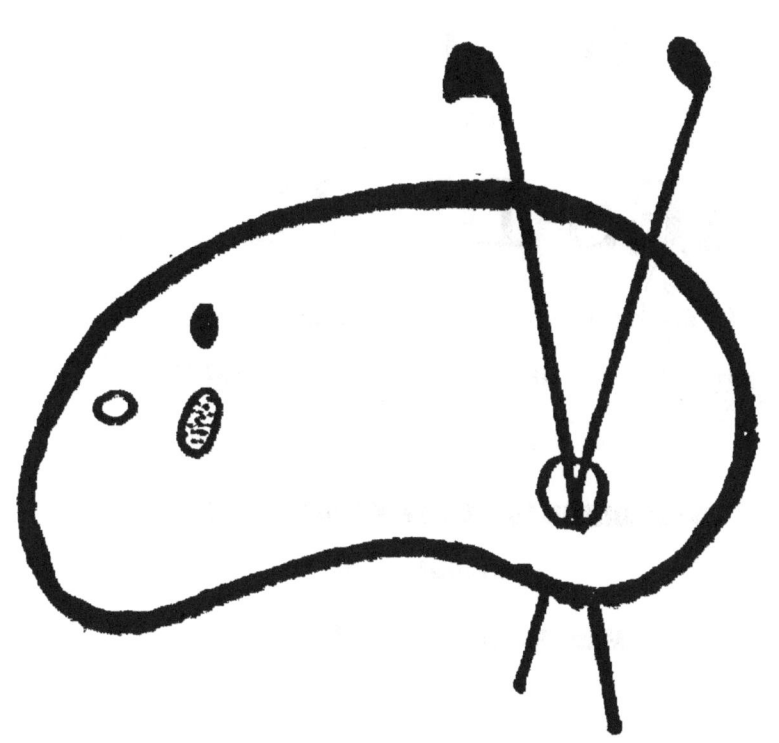

DEBUT D'UNE SERIE DE DOCUMENTS EN COULEUR

CONFÉRENCE SAINT-THOMAS D'AQUIN

UNE EXCURSION

AUX

LACS DU JURA

LAC DE BONLIEU, CASCADES DU HÉRISSON

LACS DU VAL, DE CHAMBLY ET DE CHALAIN

Le 17 juin 1900

LECTURE FAITE A LA CONFÉRENCE SAINT-THOMAS D'AQUIN, DANS SA SÉANCE D'OUVERTURE

Le 23 novembre 1900

Par M. Albert MALLIÉ

>-●-<

BESANÇON

IMPRIMERIE DE PAUL JACQUIN

1901

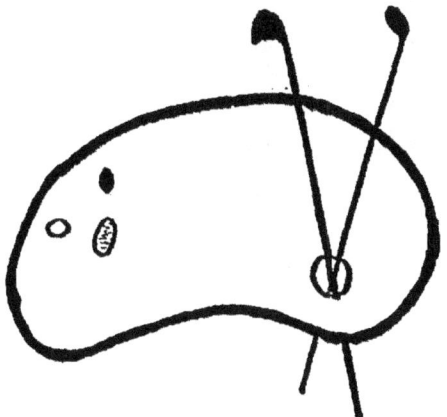

FIN D'UNE SERIE DE DOCUMENTS
EN COULEUR

CONFÉRENCE SAINT-THOMAS D'AQUIN

UNE EXCURSION
AUX
LACS DU JURA

LAC DE BON IEU, CASCADES DU HÉRISSON
LACS DU VAL, DE CHAMBLY ET DE CHALAIN

Le 17 juin 1900

LECTURE FAITE A LA CONFÉRENCE SAINT-THOMAS D'AQUIN, DANS SA SÉANCE D'OUVERTURE

Le 23 novembre 1900

Par M. Albert MALLIÉ

BESANÇON

IMPRIMERIE DE PAUL JACQUIN

1901

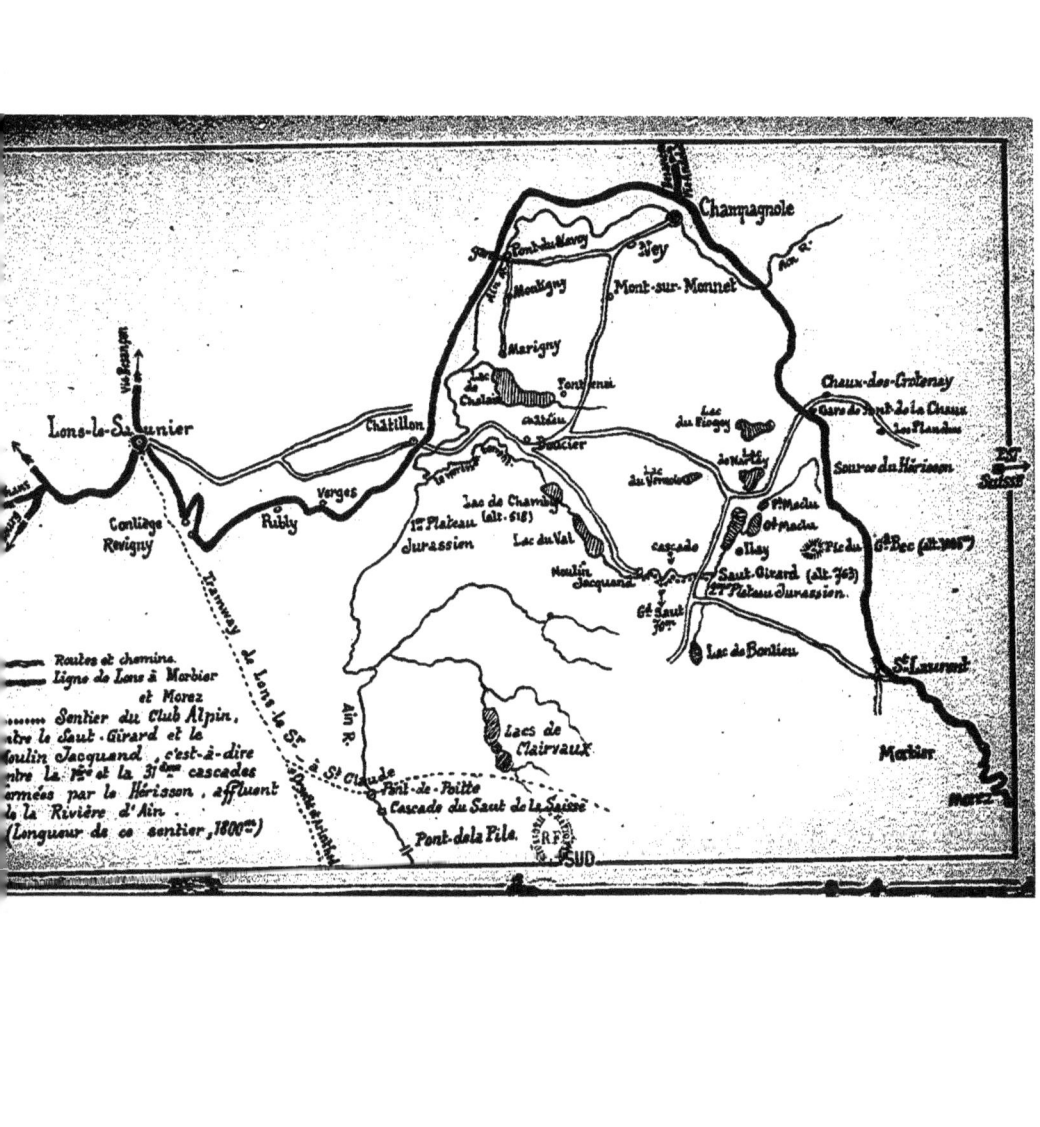

LE HÉRISSON ET LES LACS DU JURA

PROMENADE DE LA CONFÉRENCE SAINT-THOMAS D'AQUIN

EN 1900

Lequel de nous, se reportant aux souvenirs proches ou lointains de sa vie de collège, ne se rappelle le frémissement causé par ces mots magiques : un grand congé? Oui, demain, grande promenade; et déjà l'imagination impétueuse s'ouvre une immense carrière et franchit les sombres murs qui lui semblent une prison; devant elle se déploient la campagne, les forêts, les vastes plaines et les monts. On regarde de haut, avec dédain, les cahiers et les dictionnaires, comme si on allait les quitter pour des mois; on se sent pris de pitié pour les malheureux pupitres qui restent là cloués, immobiles, et ne peuvent prendre la clef des champs.

Quelque chose de pareil renaît chaque année pour la conférence Saint-Thomas d'Aquin à l'époque fixée pour sa grande sortie, et c'est une saine et joyeuse émotion. Les écoliers sont devenus des étudiants; les étudiants sont devenus des hommes; mais dans cet heureux groupement, les jeunes et.... les autres se sentent les coudes, et pour clôturer les conférences et les séances de travail, tous se mettent avec ardeur à préparer, combiner, discuter le plan de la prochaine excursion, qui ne doit pas ressembler aux autres et pour laquelle il faut du nouveau. Fort heureusement notre Franche-

Comté est riche en attraits pittoresques de toute nature ; on n'aura pour longtemps que l'embarras du choix. La puissante ceinture des monts Jura, avec ses hautes cimes, ses forêts sombres, ses lacs multipliés, ses cours d'eau mystérieux, ses cascades bruyantes, réserve maintes surprises au touriste le plus difficile, et l'on peut s'étonner que tant de sites merveilleux restent si peu connus, ou tout au moins si peu visités.

Qui donc, parmi nous, avait entendu parler des chutes du Hérisson, et lequel de nos confrères proposa cet itinéraire où miroitaient à nos yeux les lacs pittoresques de Bonlieu et de Châlain ? Je l'ignore, mais la décision fut aussitôt prise, et jamais, on peut le dire, projet ne fut mieux conçu ni plus artistement agencé. Les moyens de transport, les haltes et les gîtes avaient été minutieusement prévus ; on avait préparé ses jambes et fait provision de bonne humeur ; on comptait sur le beau temps ; il ne nous a pas fait défaut.

Le départ

Nous voici donc au rendez-vous, le samedi 16 juin, à cinq heures du soir, à la gare de la Viotte, avec nos paquetages, car il faut aller coucher sur les hauts plateaux à Saint-Laurent ; et tout bien compté, nous sommes dix-neuf touristes sous l'égide de notre aimé directeur le R. P. Dagnaud : c'est une trop petite section de notre florissante conférence, mais tant pis pour les absents.

Au départ, on a beau avoir bourré ses poches de journaux, on ne les lira guère : c'est bon pour ceux qui, voyageant seuls, veulent s'ennuyer en compagnie. A peine dans le train qui s'ébranle, les interminables facéties commencent ; par-dessus les séparations du wagon de troisième classe où nous sommes disséminés, les interpellations se croisent, et aussi les cannes et les chapeaux : que voilà bien les écoliers en vacances, et ne faut-il pas rester jeunes quand même ! Mais à peine Mouchard dépassé, ces ardeurs se calment, l'attention se porte ailleurs. Il faut, pendant que la locomotive nous fait gravir sans fatigue cette rampe qui s'accroche aux derniers contreforts du Jura, jeter les yeux sur le spectacle qui se prépare, jouir du panorama qui se déroule et s'agrandit à mesure qu'on s'élève, contempler la plaine magnifique qui s'étale au-dessous de nous avec ses bois et ses villages. Et de fait, quand, arrivé au dernier tournant qui surplombe presque la petite ville d'Arbois, on peut, à travers le roc tranché au vif et par-dessus les toits alignés et l'église vénérable, embrasser d'un seul regard l'étendue sans bornes; quand, à cette heure même, le grand soleil de juin, à travers les vapeurs rougeoyantes du couchant, embrase l'immense horizon et incendie quelque maison perdue ou quelque clocher lointain, il faut se concentrer en soi-même pour recueillir cette impression toujours admirable, toujours nouvelle, quoique bien des fois éprouvée quand on a voyagé souvent.

Un premier transbordement coupe court à ces rêveries : à Andelot, une heure d'arrêt pour attendre le train de Champagnole. Que faire dans une gare où il n'y a rien à voir, et où, après avoir fait les cent pas sur le quai, on ne peut s'asseoir que dans une buvette qui est tout proche? Qui dira, au surplus, les faciles tentations du gosier, voire même de l'estomac, après l'entraînement de la locomotion? La journée a été chaude : voici la bière mousseuse ou le café médiocre. Le souper apparaît encore lointain, et d'ailleurs il est près de huit heures : voici une soupe appétissante, un pain savoureux, du gruyère de bonne mine qu'arrosera le vin d'un cru innomé. Baste! on peut décemment s'offrir un acompte sans que la conscience ait rien à se reprocher, et nous repartons lestés.

Rien à voir jusqu'à Champagnole, où l'on arrive la nuit tombée, après avoir à peine entrevu de loin la pyramide tronquée de Montrivel, pareille à une gigantesque butte à canon. L'éclairage de la gare ayant paru défectueux, pendant un nouveau stationnement obligatoire, une partie de notre bande s'échappe, s'en va je ne sais où, puis revient bientôt en monôme, lanternes vénitiennes allumées au bout des cannes, en chantant une farandole. Le personnel n'y trouve rien à dire et nous fait bientôt remonter en voiture. L'astre des nuits, piqué au jeu, apparaît dans son plein, et va dès lors nous faire cortège. C'est malheureusement insuffisant pour permettre d'admirer les beautés du trajet qui reste à parcourir; et c'est vraiment dommage, car le tracé du chemin de fer devient presque aussitôt aussi pittoresque qu'accidenté. Ses courbes savantes contournent des pentes abruptes, des gorges sauvages dont on devine la profondeur, plongent dans les souterrains ou franchissent sur des ponts les torrents qui vont se jeter dans la rivière d'Ain. Les rayons lunaires en laissent un instant soupçonner le cours capricieux, qui enlace comme un ruban d'argent les forges de Syam ; ils enveloppent en même temps d'une lueur blafarde les lourdes falaises calcaires qui s'enlèvent sur le bleu foncé du ciel, et sur lesquelles se plaquent en taches noirâtres les masses sombres des sapins.

Saint-Laurent

Encore quelques rampes à gravir, et l'on atteint le vaste plateau où s'étale le village de Saint-Laurent. C'est ici la célèbre contrée du Grandvaux ; c'est de là que, pendant des siècles, les intrépides Grandvaliers, avec leurs grands chevaux et leurs lourds chariots, sont partis pour sillonner toutes les routes de France et d'une partie de l'Europe, et transporter sous une bâche à cerceaux ces chargements de toute nature qu'on entasse aujourd'hui sur un train, et qu'une seule machine suffit à remorquer. On n'en voit plus guère maintenant, de ces solides voituriers à face rubiconde, coiffés d'un bonnet de coton, une courte pipe à la bouche, vêtus d'une blouse bleue et chaussés de gros souliers, qui suivaient d'un pas pesant et infatigable l'allure mesurée de leurs attelages, en rythmant du claquement sonore de leur fouet le son cadencé du gros grelot fixé sur la peau de mouton, au sommet du collier à oreilles : c'est un type disparu, le chemin de fer les a tués ; les rouliers meurent victimes du progrès.

L'opulent village égrène ses maisons closes le long des larges routes blanches. On nous attendait à la gare pour nous conduire à l'hôtel de l'Écu de France, et la procession des lanternes vénitiennes a recommencé pendant le court trajet. Mais, point de temps à perdre, car il est près de onze heures, et tout de suite, sans préambule, on envahit la salle à manger, on se case autour de la table qui l'emplit tout entière. Par exemple, si les proportions de la salle sont modiques, celles du repas qui nous est servi ne le sont guère, et l'on y fait honneur. Les longs plats de poisson, les solides pièces de viande se succèdent à la ronde, les verres s'emplissent de vins variés ; puis, quand tout est absorbé, l'on mangerait encore, tellement l'attente a été longue.

Cependant, il faut être sage et prendre les quelques heures de repos accordées par le programme, car c'est demain dimanche et la diane sonnera de bonne heure. Tel n'est point l'avis d'un petit groupe d'intrépides qu'on avait dû loger au dehors, les chambres disponibles de l'hôtel étant insuffisantes ; ils veulent explorer les environs. Les chemins sont si beaux, le clair de lune est si brillant, il accuse par les ombres projetées des reliefs si saisissants, d'ailleurs, la fraîcheur de l'air stimulera la marche nocturne : et les voilà partis pour Morez, à douze kilomètres de notre cantonnement. Ils auront une nuit blanche, mais on n'a pas toujours de ces occasions-là. Les autres se disséminent, le flambeau à la main, à travers des corridors, des escaliers, des galeries, aux différents étages, et prennent possession de couchettes d'inégale valeur ; au demeurant, tout est propre et toujours suffisant pour dormir.

A l'époque du solstice d'été, les nuits sont courtes. Quand le réveil est donné à cinq heures, l'Aurore aux doigts de rose a depuis longtemps déjà ouvert les portes de l'Orient et nous promet un temps superbe. Allons vite à l'église, après une toilette sommaire, remercier Dieu et lui offrir les prémices de cette belle journée. Le P. Dagnaud se prépare à célébrer la messe de la Fête-Dieu : elle est entendue avec recueillement ; puis nous avons tout le loisir d'examiner le temple, qui paraît tout récemment construit, dans le style néo-roman, avec ses clairs vitraux et la flèche qui couronne le clocher. La nef est vaste, ce qui permet de supposer que les fidèles la remplissent et que la foi s'est conservée dans ces montagnes.

Maintenant, vite à table ; après les soins de l'âme, il faut songer au corps et se prémunir contre les défaillances futures. Voici d'abord le café au lait, les tartines, le beurre savoureux ; et de même qu'à tous les lunchs qui suivent un mariage il y a l'inévitable saumon sauce verte, il est de rigueur qu'on serve aux touristes le plantureux jambon, et qu'il soit humecté de vin blanc. Pendant ce déjeuner préliminaire, il est fait part de l'événement de la matinée. Nos jeunes zouaves, revenus de Morez enchantés de leur excursion, sont d'abord allés se reposer dans les salles d'attente de la gare ; là, l'idée leur est venue de rentrer à l'hôtel et de taquiner notre confrère G., à qui échut précédemment l'honneur de présider la conférence. Sa porte, qui donne sur une galerie de la cour intérieure, a été condamnée du dehors et solidement barricadée. Quand il s'est levé et a voulu sortir, impossible. De là, vociférations, efforts violents, et quand, avec fracas, la porte cède et lui livre passage, de la chambre contiguë à la sienne sort un homme exaspéré, au saut du lit : on a su depuis que c'était un voyageur de commerce, par conséquent fort jaloux de ses droits et prérogatives. Il estime que ce tapage est attentatoire à son repos, injurieux et à peu près nocturne; il dit cela sur un ton comminatoire, en termes peu mesurés, et rend son voisin responsable des suites qu'il compte y donner. M. G., qui n'est pas l'auteur principal du méfait, est avocat et en même temps soldat français; il a conservé de son service militaire, outre le port d'une moustache qui en impose, le souvenir de quelques termes assez énergiques, d'un usage courant à la caserne. Il lance la réplique vigoureuse à son adversaire, qui se l'est tenu pour dit, et l'incident a paru clos. On en rit beaucoup en se préparant à lever la séance, à régler les comptes, à remercier les hôtes qui se sont montrés complaisants et affables.

Comme il a été très sagement prévu que la première partie de la course se ferait en voiture, et que des arrangements ont été pris, nous nous rendons dans la cour où sont les dépendances, les vastes écuries, presque vides en ce moment, et les remises profondes. On en a extrait une tapissière monumentale, ornée de rideaux : les bancs sont peints en jaune, recouverts de velours rouge, à la mode des postes suisses, et contiennent quinze places numérotées. A ce lourd véhicule est adjoint un petit break qui sera le complément nécessaire à notre effectif. On attelle, on se hisse : à sept heures précises tout le monde est en place, les équipages sont parés, le signal va être donné ; mais le spectacle est si beau qu'il nous manque une reconduite : elle va se produire.

Sur le seuil de l'hôtel apparait le commis voyageur de la galerie.

.... Un dogue aussi puissant que beau,

gras, rasé de frais, décoré d'un gilet blanc, gonflé de son importance; la vue de la soutane du P. Dagnaud, qui est en évidence sur le siège, le congestionne, et aussitôt, d'un ton tranchant : « Voilà de jolis élèves, monsieur l'abbé, vous avez là des jeunes gens qui se conduisent bien et qui parlent bien ! Je vous fais mon compliment sur l'éducation que vous leur donnez ! — Vous vous trompez, réplique le Père ; je ne suis pas chef d'institution ; ces messieurs ne sont pas des élèves, ils jouissent de toute leur indépendance, et je suis fort surpris de votre intervention. » De notre côté, l'apostrophe du personnage a bien provoqué quelques ricanements ; deux ou trois, à l'arrière, ont fredonné : « Le voilà, Nicolas...., » mais notre société est restée digne. Comme le dogue, après avoir aboyé, rentre dans sa niche, le monsieur qui a produit son effet se retire. Nous le regardons de haut et fouette, cocher; l'incident est sans gravité, l'affaire est classée.... dans nos souvenirs.

Saint-Laurent, qui est le véritable point de départ de notre excursion, en est aussi le point culminant. A l'altitude de 907 mètres, il n'est éloigné de la frontière que d'une quinzaine de kilomètres à peine, à vol d'oiseau; deux hautes chaînes boisées et la profonde vallée de la Bienne le séparent de la Suisse. Nous allons prendre la direction tout opposée, et notre déplacement va s'opérer suivant un plan très incliné dans son ensemble, vers l'avant-dernier gradin du Jura, où se déploie le cours de l'Ain. Pour la plupart d'entre nous, cet itinéraire est plein d'inconnu et de mystère; de plus, c'est toujours un plaisir exquis de partir en voiture à la première heure, sur une belle route, en humant l'air frais du matin. La rosée se résout en vapeurs légères qui vous apportent la senteur des prés, les effluves résineux des bois, et comme la respiration de la terre.

Le plateau sur lequel Saint-Laurent groupe ses maisons, qui dénotent l'aisance, et ses 1,200 habitants, est peu cultivé, vu la rigueur du climat; de vastes pacages, quelques fermes isolées, une forêt de sapin que traverse la route, cela ressemble à ce qu'on voit partout, et ce à quoi l'œil des Franc-Comtois est habitué : rien à noter dans cette première partie du trajet que franchissent nos véhicules à bonne allure.

Un peu plus loin, l'aspect se modifie, devant nous se présente un village que le soleil frappe en plein et qui s'en passerait bien, tant son territoire paraît stérile. Quelques vaches disséminées tondent une herbe rare et s'arrêtent pour nous regarder passer; partout le tranchant du roc émerge, d'un noir-bleu pareil à de l'ardoise. On rencontre fréquemment dans le Jura de vastes espaces pelés et arides, qui font une tache galeuse dans l'entourage sombre de la forêt; surfaces maladroitement déboisées, pâturages misérables où les maigres plaques de gazon roussi laissent percer partout le calcaire qui s'effrite, les rocailles nécrosées par la morsure des neiges et la furie des rafales d'hiver. C'est sur une arête de cette nature que s'étage la Chaux-du-Dombief. On l'atteint par un lacet assez raide, et tout en pénétrant dans le village, nous remarquons les branchages disposés le long des maisons pour la procession qui se prépare. Heureusement, la soutane du P. Dagnaud nous prémunit contre les appréciations fâcheuses, et empêche qu'on ne nous prenne pour des impies qui ignorent le jour du Seigneur.

Heureuses populations qui ont maintenu la sainte coutume des processions ! Ailleurs on les a abolies ; on a promulgué que l'homme ne doit rien à son Créateur. Mais alors on ne doit rien non plus à ses parents ; si l'on n'a pas un logis à soi, on ne doit rien à son propriétaire ; et comment l'État s'y prendrait-il pour démontrer qu'on lui doit quelque chose? S'il y parvient, ce n'est que par le gendarme, par le cachot, au besoin par le couperet de la guillotine. Belle société pour des citoyens qui se prétendent libres et qui se disent intelligents ! — Braves gens de la Chaux-du-Dombief, conservez vos vieilles traditions ; nos vieux imprimeurs aimaient à mettre en évidence la devise *Soli Deo honor et gloria* ; que ce soit la vôtre, et continuez vos processions. Nous passons devant vous, c'est vrai, nous allons plus loin ; mais nous restons unis à vous d'intention, et nous sommes avec vous de cœur.

Bonlieu

A quelques centaines de mètres au delà, la perspective se transforme subitement. La route tourne brusquement à gauche, pénètre dans un couloir resserré dont les parois droites sont le roc vif, débouche sur un terre-plein d'où l'on domine, sous un horizon nouveau, le paysage qui s'étale sur une sorte de large gradin à un niveau inférieur d'une centaine de mètres, et cela s'appelle la Cluse d'Ilay. On peut remarquer en passant l'anomalie de ce nom de *cluse*, qui vient du latin *cludere*, fermer, et qui s'applique, ici et ailleurs, au seul passage ouvert ou indiqué par la nature dans la barrière infranchissable des monts, que ce soit un col ou un défilé. Peut-être est-ce parce que, en découvrant un emplacement disposé pour y placer une porte, on envisage que la porte peut s'ouvrir, il est vrai, mais qu'elle est surtout faite pour être fermée. Cette cluse d'Ilay est une réduction du Col-des-Roches, avec lequel elle offre beaucoup d'analogie. Voici, en effet, la même roche fendue, seulement il n'y a pas de tunnel au-dessous de la brèche naturelle ; son évasement s'ouvre de même en éventail, avec la route qui descend à gauche, et à droite, la masse perpendiculaire et homogène de calcaire coulée d'un seul jet : on y trouve, toutes proportions gardées, la même robustesse, qui nous montre à nous, pygmées, ce qu'ont été les efforts géants de la création. Ces blocs-là, nous pouvons les faire sauter, les détruire, et nous en triomphons ; mais en édifier de pareils, jamais.

Après une courte halte, et à partir de ce point de vue grandiose, il n'y a plus que de merveilleuses impressions à recueillir. Détournons-nous et commençons à descendre la route sinueuse, sous les ombrages, dans la fraîcheur vivifiante. Tout ce versant est encore à moitié noyé dans l'ombre, avec cet éclairage à contre-jour dont les peintres recherchent tant les effets pittoresques. Au-dessus de l'épaisse forêt, qui dévale en pente rapide, se dressent les falaises majestueuses, le roc inexorable, dont la nuance varie aussi bien que les flots de la mer suivant l'état du ciel ; tantôt d'un bleu sombre sous le nuage, tantôt fulgurant et enflammé quand le soleil couchant le frappe. Aujourd'hui la nappe de lumière que le soleil déverse sur les brumes légères du matin s'interpose comme un voile d'or du haut du firmament, confond les deux azurs, voile les rudes saillies, en atténue la dureté. Il y a là des transparences d'une délicatesse inexprimable ; et plus bas, les rayons qui frisent la cime des sapins et les hautes cépées en habillent les contours d'une silhouette lumineuse.

Dans la forêt même, les détails ne présentent pas un moindre attrait ; car c'est le mois de juin qui donne à la montagne sa vraie parure. Dans la demi-obscurité des sous-bois, les oxalis tapissent le sol de leurs feuilles vert-émeraude ; la modeste reine-des-bois y mêle ses petites étoiles d'argent ; tandis que les hautes touffes de la grande spirée lancent en gerbe leurs longs thyrses neigeux. Au-dessus, c'est l'épine blanche, qui étage en flocons mousseux ses fleurs à senteur de vanille. Plus haut encore, le cytise laisse tomber ses grappes jaunes odorantes. La présence de cet arbuste est à noter pour un forestier, je veux dire pour un amateur curieux ; car s'il est bien connu comme plante d'ornement, je n'avais constaté nulle part dans nos régions sa présence comme essence forestière. Or, il se trouve en grand nombre dans les massifs, et y prend de plus grandes proportions. Il lance au hasard ses branches où les fleurs sont suspendues au-dessus de nos têtes comme des lanternes de fête, et simule une avenue triomphale disposée pour notre cortège.

Au sortir de la forêt, nous retrouvons la pleine lumière; elle inonde la vallée et fait présager une chaude journée. Tout le monde a mis pied à terre, les attelages sont laissés en stationnement sur la route, et l'on prend un petit chemin qui court entre les haies dans la direction d'un repli de la montagne qui nous domine à gauche, et dont nous longeons la base pendant un quart d'heure. Voici d'abord une ferme, puis un chalet moderne inhabité, des vergers, d'autres bâtiments, on ne s'arrête à rien; on devine au fond de ce retrait sauvage le lac de Bonlieu, et l'on se précipite. On y arrive enfin, et le décor apparaît dans sa merveilleuse poésie. Les abords sont assez beaux pour qu'il vous en souvienne : quelles magnifiques allées de parc sous les arbres séculaires, vieux sapins aux aiguilles feutrées de lichens, hêtres énormes au tronc puissant dont l'écorce lisse semble d'argent oxydé. Ah! les moines comprenaient le paysage, ils savaient bien choisir leurs pieuses retraites! Ils pouvaient se livrer à la contemplation sous ces paisibles ombrages.

En avant, la nappe circulaire miroite sous les molles clartés de son onde transparente; elle s'épanouit comme la vaste corolle d'une gigantesque fleur souterraine.

<blockquote>Te souvient-il du lac tranquille
Qu'effleurait l'hirondelle agile...</blockquote>

Mais non, aucun vol d'hirondelle, aucun souffle d'air léger n'en effleure la surface : tout est calme en ce lieu solitaire. A l'autre extrémité, à huit cents mètres, la tige humide des roseaux renvoie des fouillis d'étincelles, c'est la seule apparence de vie sur l'immobilité des eaux.

Pour qui donc la nature prodigue-t-elle maintenant toutes ses coquetteries; à qui est réservée la possession de ce délicieux bijou? Voyez en arrière, sur la plage arrondie, cette large terrasse qui domine la pelouse, et sur laquelle se pose un papillon rectangulaire, c'est un des derniers vestiges de ce qui fut l'abbaye de Bonlieu; nous l'avions à peine remarqué en arrivant. De cet observatoire, le panorama est complet et le site enchanteur. De hautes pentes boisées, avec leur couronne murale, forment le fond du tableau. D'un côté, des prairies; de l'autre, le plus splendide cadre qui se puisse voir. Les frondaisons opulentes tombent en cascade pressée jusque sur les rives du lac ; les sapins drapent leur manteau sombre ; les hêtres, les charmilles, élèvent leur dôme de feuillage, ou s'arrondissent en voûte, laissant pendre leurs branches pour les baigner dans le cristal limpide.

Et pourquoi donc, ô beaux sapins, vous mirez-vous si amoureusement dans ce cristal tranquille qui reflète vos cimes majestueuses ? Ah ! craignez ce miroir trompeur : il prend votre signalement, il vous reconnaîtra, il vous attend. Voyez, deux lieues plus bas, l'onde paisible s'est changée en un ruisseau impétueux ; ce ruisseau fait tourner la roue d'une usine ; dans cette usine, la scie impitoyable aux multiples tranchants vous découpera, vous façonnera en mille manières, et vous aurez vécu. Mais pourquoi anticiper ? vous ne sauriez prévoir, et vous n'êtes pas libres. Faites comme l'homme qui, heureusement pour lui, ne connaît pas l'avenir, et suivez votre destinée. Donc continuez à vous mirer dans le cristal limpide, à vous baigner dans l'azur ; jouissez du présent, et laissez pendre vos branches confiantes que bercent les zéphyrs sur cette eau trompeuse qui prépare votre supplice. Votre paix est à ce prix, et aussi le charme de ce délicieux paysage : c'est l'image de la vie.

Il faut s'arracher à la contemplation. En revenant sur nos pas, nous passons devant quelques bâtiments peu élevés, mais solidement construits en pierre, qui furent les dépendances rurales de l'abbaye ; puis devant un portail dont la grille est supportée par deux piliers. Pour qu'on n'en ignore, on y a gravé deux noms différents : à droite, *château de Bonlieu*, à gauche, *villa Teresina* ; entre les deux il est permis d'hésiter. Il est probable que cette demeure, restaurée avec peu de goût, où on a peint à fresque sur le crépissage des ogives de chapelle, peut servir à de multiples destinations ; en tout cas, ce ne sont plus des religieux qui l'habitent.

Ce sont eux pourtant qui ont été les premiers occupants. Nos montagnes, il y a douze siècles, étaient à peine peuplées, et restaient incultes à l'état de désert sauvage ; ce sont les moines qui, en les défrichant, y ont fait pénétrer la vie ; on était trop heureux, alors, de profiter de leur labeur. Si je ne craignais de faire parade d'érudition, je vous dirais, d'après le président Clerc (1) et le vénérable Du-

---

(1) ED. CLERC, *Essai sur l'histoire de la Franche-Comté.*

nod (1), que l'abbaye de Condat, qui devint Saint-Claude, reçut de Charlemagne en 790 les hautes chaînes du Jura sur une étendue de quinze à vingt lieues ; la ville même de Saint-Claude fut fondée au ix° siècle. Cette donation lui attribuait la souveraineté d'un immense territoire qu'elle devait coloniser ; elle chercha dans ce but à trouver des subventions. On attribue la fondation de Bonlieu à Hubert de Montmorot en 1170. Ce n'était à l'origine qu'un simple prieuré ; il fut converti plus tard, en l'an 1301, en un monastère de Chartreux, dans le décanat de la montagne. Le monastère ne resta pas toujours paisible possesseur et incontesté. Dans les dernières années du xiiiᵉ siècle, Jean de Chalon s'était fait associer aux possessions de l'abbaye de Bonlieu, et, pour dominer tout le pays, avait construit son château de l'Aigle sur la roche escarpée de Maclus : c'est celle que nous avons admirée en quittant la Chaux-du-Dombief. De fréquents démêlés s'élevèrent entre les religieux et les successeurs de Jean de Chalon, et comme le château jouait un grand rôle dans toute la contrée, Louis XIV, après la conquête, en ordonna la démolition ; si le dernier seigneur, Claude-Antoine du Tartre, refusait d'obtempérer aux ordres du roi, les moines étaient autorisés à faire procéder à la destruction de la forteresse. Il n'en reste rien. Jusqu'à la Révolution Bonlieu, son lac, et le lac d'Ilay dépendaient du bailliage d'Orgelet ; les lacs de Châlain et de Chambly étaient rattachés à celui de Poligny.

Sur ce, et quel que soit le propriétaire actuel, laissons errer nos yeux sur ces belles prairies que le soleil inonde et que la faux n'a pas encore touchées. Il s'en dégage une senteur exquise, infiniment plus suave que celle des herbages des pays bas ; ce sont à peu près les mêmes plantes fleuries, l'esparcette, le trèfle, le mélilot, la sauge, la scabieuse et toutes les graminées minuscules, mais le parfum en est si mielleux et pénétrant que les abeilles devraient y fondre de plus de dix lieues à la ronde.

J'entends bien que ceux à qui je m'adresse me crient : « Trop de descriptions, cela traîne, et nous n'aboutirons jamais : venez au fait ! » Mon Dieu, répondrai-je, je suis un peu dans la position du peintre en voyage. Il trouve à chaque instant un coin à peindre, et il

(1) DUNOD DE CHARNAGE, *Histoire de l'Église de Besançon*.

s'assied pour brosser son étude. Ceux qui l'accompagnent et qui ne dessinent pas s'impatientent et s'écrient : « En route, en voilà assez, nous n'arriverons pas. » Mais moi, je veux peindre ; cependant il faut faire des concessions, et je vous suis. Eh bien, le fait, c'est que nous remontons en voiture, et que pour atteindre cette éminence que l'on voit là-bas vers le nord, nous laissons sur la gauche la route de Lons-le-Saunier par Clairvaux. Elle traverse à deux kilomètres un village sur le territoire duquel nous nous trouvons, et qu porte le nom burlesque et d'origine indéterminée de Petites-Chiettes. Chose plus curieuse, c'est que, à deux lieues de là, se trouve une autre localité qui s'appelle les Grandes-Chiettes. Seulement, les Grandes sont beaucoup moins importantes que les Petites ; ces dernières, par suite d'un groupement, d'une coopération plus active, ont constitué une commune : les autres n'ont conservé que quelques gens du commun. Les fonctionnaires de la commune, mus par un scrupule un peu tardif de bienséance, ont éprouvé le besoin de changer son nom par trop expressif, et ils ont été autorisés récemment à prendre celui de Bonlieu. Cela dénote un véritable progrès pour qui sait comprendre, et voilà d'honnêtes citoyens dans une situation pleine de dignité.

Les chutes du Hérisson

Sur l'éminence où nous sommes enfin parvenus, on lâche définitivement les voitures ; la majestueuse tapissière s'en retourne à vide. De la hauteur, on pourrait découvrir, à deux kilomètres plus au nord, le charmant lac de la Motte, avec son îlot central où fut un monastère, dont les hautes futaies cachent les ruines ; mais on ne peut aller jusque-là.

Le Hérisson forme ici sa première chute, le *saut Girard*. On dévale rapidement un étroit sentier qui se glisse dans les buissons, et l'on tombe devant une maison de campagne qui ressemble à un petit couvent. Aucun habitant ne s'y montre ; il n'y a que quelques statues de saints dans les allées d'un joli jardinet. En face s'ouvre une grotte élevée, qui ressemble à notre *Bout-du-Monde*. Le torrent se précipite du plan supérieur, à trente-deux mètres, et lance sa nappe écumeuse par-devant les assises horizontales et cintrées du rocher. Au fond de la caverne, derrière la chute, on a placé une statue de saint Joseph, et au premier plan on a érigé sur un socle élevé un lion de pierre ou de ciment. Pourquoi faut-il que de respectables personnes prennent la nature pour complice de leurs intentions décoratives ou pieuses? Cela est déplacé, manque de proportion, et le goût n'a rien à y voir.

Vite, on s'élance sans autorisation à travers les clôtures du verger; on enjambe des ruisselets, des pierres éboulées et glissantes, l'eau est partout et l'on reçoit quelques douches de pluie, on se perche sur les replats à des hauteurs inégales; car voici les objectifs apportés qui se braquent, on espère obtenir quelques épreuves intéressantes. C'est ce que diront l'avenir et le cabinet noir.

Ce n'est là qu'un début. Il faut suivre le torrent qui s'enfonce dans des gorges de plus en plus resserrées dont on n'aperçoit pas plus le bout que le chemin qui y donne accès. Comment le trouver? Ici, portes et fenêtres sont hermétiquement closes; à une ferme qui est plus loin, c'est la même chose, on appelle en vain : tout le monde est sans doute à la messe. Une demi-heure se perd. Enfin on se décide, on lance des éclaireurs; ceux-ci découvrent à cinq cents mètres un poteau qui indique la direction. Singulière idée de l'avoir placé là où personne ne peut l'apercevoir. Nous allons suivre une piste des plus variées, tantôt à travers prés, tantôt sous les taillis. Le Hérisson, fatigué de sa première chute, serpente ici avec un faible murmure; il s'étale paresseusement dans des vasques au fond d'or, caresse les larges feuilles des tussilages, s'attarde aux souches noircies, il voudrait s'arrêter encore : marche, marche! une force invincible l'entraîne et le précipice l'attend.

Voici un premier saut à franchir, la cascade du *Gourd-Bleu*, mais il se reposera quatorze mètres plus bas dans un joli bassin. On le perdra de vue un instant jusqu'à ce que se montre à travers les branches un moulin coquet, bien ensoleillé, qui va lui opposer son barrage naturel de douze mètres de haut, et lui ouvrir une large écluse dont on entend le fracas. Ainsi, de chute en chute il accélère sa vitesse et se prépare aux suprêmes efforts : *vires acquirit eundo*.

Il faudrait pouvoir en dire autant de nous, qui suivons en file indienne un peu discontinue l'étroit sentier établi par la section du Jura du Club alpin; c'est bien vrai qu'à certains endroits fort raides nous allons un peu plus vite que nous ne voulons, et que sur quelques corniches étroites on trouve fort à propos une main courante scellée dans la pierre; d'ailleurs, il n'y a pas à choisir, la gorge s'est resserrée, le torrent y a creusé son lit et ne laisse pas beaucoup de place à côté. C'est ainsi que, à l'improviste, nous nous trouvons projetés sur une sorte de promontoire, roche saillante qui surplombe un abîme, où le vertige vous saisirait si une solide barrière de fer n'y formait un balcon protecteur. L'œil plonge avec stupeur dans le gouffre profond de cinquante-cinq mètres, où le Hérisson tombe furieux en une seule cataracte, avec un bruit de tonnerre dont les échos répercutent au loin les éclats. Vite, galopons dans les lacets rapides du sentier : c'est d'en bas, sur la passerelle Lacuzon jetée sur les rapides, que nous jouirons mieux du coup d'œil. La masse liquide se bouscule et se brise, les vagues pressées se divisent et rejaillissent chargées d'écume, projetant une poussière humide irisée par le soleil, à travers laquelle glissent sans arrêt les guirlandes de blanche dentelle ; et les grands sapins immobiles encadrent toute cette neige mouvante. On a appelé cela la cascade du Niagara jurassien : que les touristes *yankees* viennent ici faire la comparaison.

Il ne reste plus à voir que la dernière merveille, le *Grand Saut*, à l'endroit où la gorge sauvage va enfin s'évaser et ne pourra plus retenir son prisonnier. Qu'on se représente un haut amphithéâtre, où la nature, par une stratification bizarre, a disposé dans une suite de plans horizontaux de larges gradins circulaires nettement tranchés ; ils forment dans leur ensemble sept étages principaux au faîte desquels s'arrondit et se plisse la nappe étincelante ; un grand nombre de saillies secondaires s'interposent, et l'eau laiteuse ruisselle de toutes parts. Ceci ressemble à un gigantesque dressoir qui aurait soixante-dix mètres de hauteur, dont les tablettes, au lieu d'offrir aux convives les coupes de fruits, les cristaux, les pièces d'orfèvrerie, leur renverraient seulement la fraîcheur, l'éblouissante lumière et l'incessante sonorité (1). Ce spectacle est vraiment imposant, et cette fois, c'est la fin : le Hérisson a amplement justifié son nom.

Mais qui sort victorieux de la lutte, le torrent ou la montagne ? Évidemment, c'est le torrent, puisqu'il s'enfuit libre et que la montagne reste. Le voilà qui coule indolent sur le sol aplani, dans une

(1. Au palais de Saint-Cloud, à celui de Caserte dans les États de Naples, l'art hydraulique, à grand renfort de coûteuse architecture, a cherché à obtenir les mêmes effets d'eau ; mais combien la nature est plus simple et par conséquent plus puissante !

vallée qui s'élargit; il va se perdre ignoré dans le bassin de deux lacs secondaires, séparés seulement par un kilomètre. Le premier, le lac du *Val* ou lac supérieur, a 1,100 mètres de long; le second, le lac de *Chambly*, est moins étendu : tous deux ont environ 400 mètres de largeur. Il faut en côtoyer le bord septentrional pour atteindre Doucier. Après ce que nous venons de voir, l'attention est lassée, le sens admiratif diminue provisoirement; et puis nos jambes aussi sont un peu lasses; la chaleur est forte, le soleil étant, comme nous, au milieu de sa course, et nous tenant compagnie sur un chemin peu abrité. Ce chemin est heureusement plat; seulement, il y a bien encore six kilomètres d'ici au déjeuner que nos estomacs réclament. Ah! les clairons et les tambours remettent joliment au pas le troupier qui arrive à l'étape. Et nous n'avons pas même un chant d'oiseau; je fais la remarque qu'à part une fauvette, qui vient de lancer en fusée sa fraîche ritournelle, on n'aura pas entendu et peut-être même pas aperçu un seul oiseau dans tout le parcours, ce qui est étrange à cette saison. Les deux lacs sont certainement pleins de fraîcheur : une nappe d'eau est toujours attrayante à voir; mais les collines arrondies qui les enlacent, quoique bien boisées, sont sans caractère; c'est morne et silencieux; cela sent l'isolement et aussi le marécage. Voilà des plantes qui le signalent : les touffes de joncs et de prêles, puis ces tiges minces qui se coiffent d'une houppe blanche et soyeuse.

Nous causons donc, par groupes, passant du badinage aux graves spéculations : le P. Dagnaud agite les problèmes d'éducation qui hantent son esprit; et tout en causant, nous arrivons vers une heure au gros village de Doucier. Il s'y trouve une bonne auberge, comme dans beaucoup de localités de quelque importance; les ressources n'y manquent pas, non plus que les talents culinaires faits pour surprendre, et le bon accueil est une tradition de nos campagnes, surtout quand la société est nombreuse et la bourse suffisamment garnie. On a été prévenu, on nous attend, la table est déjà servie.

Nous nous asseyons donc, avec recueillement, prêts à savourer le menu dont il est inutile de donner le détail; il suffit de dire que les poissons délicats en furent le plat de marque et le plus apprécié. Le vin était honnête et quelques bouteilles cachetées ont éveillé la gaieté (1).

(1) Celles-ci étaient extraites d'un emballage soigné qui nous avait été remis

Au dessert, voici les toasts obligatoires : à la prospérité de la conférence, aux absents, à la jeunesse. On oublierait volontiers l'heure dans le charme de la camaraderie ; mais le premier coup des vêpres vient nous rappeler qu'il reste encore une bonne traite à fournir.

Le lac de Châlain

Le programme porte : visite du lac de Châlain, marche sur Pont-du-Navoy pour le train de 5 h. 21, qui nous ramènera à Champagnole, où se ferme notre circuit. Quittons donc au plus vite Doucier et la table du festin. La rue du village est grillée par le soleil ; les maisons, depuis l'église, sont décorées de verts branchages témoignant que là aussi se font les processions, ce qui nous laisse une impression favorable. Que dira-t-on de nous en nous voyant passer avec nos sacs et nos cannes ? — Que nous venons de bien dîner et que nous suivons le P. Dagnaud qui dit son bréviaire : personne ne peut s'en offusquer, tant que M. le maire n'aura pas pris un arrêté pour l'interdire. Nos mouvements sont libres, nos intentions sont droites, c'est pour cela que nous tirons au plus court, laissant la route poudreuse et aveuglante pour suivre un chemin de traverse.

La topographie a bien changé depuis ce matin. Le plateau supérieur d'où nous descendons s'arrête ici comme une terrasse éboulée, soutenue par le contrefort de collines qui abaissent leurs ondulations jusqu'au lit de la rivière d'Ain. Il se forme ainsi une longue vallée, dont le flanc opposé est nettement accusé par les monts de Châtillon et de Mirebel ; cette vallée est large d'environ quatre kilomètres. L'Ain s'est enfin dégagé des gorges et des défilés qui l'enserrent, où il a fait la fortune et battu les roues de tant de moulins et d'industries ; on l'a fait travailler au Bourg-de-Sirod, à Syam, à Champagnole ; ici encore, il va fournir la force ou l'énergie aux usines du Pont-du-Navoy, de la Saisse ; mais dans l'intervalle, il se repose, il serpente, il s'étend dans un lit à ciel ouvert.

à notre passage à Liesle. Elles étaient de bonne origine et d'une année choisie. Ce qui était plus louable encore que leur bouquet, c'est l'aimable attention d'un de nos honoraires qui, ne pouvant prendre part à notre excursion, avait voulu s'y faire représenter par un produit de ses vignobles. Ceci est d'un bon exemple ; et il est permis de former un vœu, c'est que la Conférence, si elle ne peut s'inscrire tout entière pour la promenade annuelle, y envoie mieux à l'avenir que la délégation d'un seul membre honoraire.

Le bord du plateau qui est sur notre droite est coupé de plusieurs échancrures, comme cela se produit souvent sur le cours de la Loue et dans tout le Jura, phénomènes dus à l'érosion ou à l'affaissement. C'est dans un de ces golfes profonds que le beau lac de Châlain cache sa mystérieuse splendeur, comme dans un fiord norwégien, formant le bassin le plus étendu de nos contrées jurassiennes. Nous allons y pénétrer sans pilote ; et il n'en est pas besoin, car un chemin très ombreux en fait le tour. Les collines qui l'environnent ont leur sommet disposé en table, dont le bord est ourlé d'une solide courtine de pierre. Quelques sapins clairsemés y apparaissent encore ; au-dessous dévalent en ceinture les grands bois à l'ombre épaisse. Cette forêt est traitée avec une préoccupation artistique, à laquelle il faut rendre hommage ; des traces d'exploitation y apparaissent sans en altérer le caractère ; les plus beaux échantillons y sont soigneusement conservés ; en particulier sur les bords du chemin, ce n'est qu'une longue avenue d'arbres séculaires. Le tronc puissant des hêtres et des chênes lance vers le ciel les rameaux de haute futaie, qui se croisent en dôme au-dessus de nos têtes, et entretiennent la fraîcheur. Ce cachet de grandeur s'accentue encore en approchant du château construit à l'extrémité du lac, au fond de l'amphithéâtre fermé, et si bien situé pour jouir des beautés de cette poétique solitude.

Il s'élève dans le grand axe du lac, long de 3 kilomètres, et dont la largeur varie de 8 à 1,100 mètres. Cette belle nappe se rétrécit alors que les coteaux s'évasent à l'entrée de la plaine, s'arrondit et se perd dans un fouillis de joncs, à l'altitude de 500 mètres. Son eau est transparente et légère ; sa couleur rappelle celle du lac de Neuchâtel, cette couleur qu'Homère donne aux yeux de Minerve, couleur glauque qui n'est pas tout à fait le bleu et qui n'est pas non plus le vert. Rien ne vient la troubler, partout règne un grand silence. Ah ! qu'un vol de canards y serait à l'aise, quand la bise glaciale a dépouillé les bois, et quel rêve pour le chasseur embusqué sur la rive ou blotti dans sa barque au milieu des roseaux ! Mais on n'en voit aucun : à peine quelques pies à la livrée noire et blanche, deux ou trois corbeaux méfiants qui s'enfuient à notre approche.

Pour revenir par l'autre bord, on doit faire le tour du château derrière lequel s'étendent de riches prairies bien arrosées, disposées en parc, qui donnent de l'air et de la lumière aux alentours. Il y a, paraît-il, des grottes, d'où jaillissent les sources : nous n'avons pas le temps de les explorer. Mais ce qu'il faut noter, c'est l'effet pittoresque d'une petite et antique chapelle perchée à cent mètres, qui doit dépendre du hameau de Fontenu. On reporte au XIIIe siècle la fondation du château de Châlain; reconstruit au XVe et au XVIe siècle, il aurait subi, prétend-on, bien des mutilations. Il conserve néanmoins une fière mine, avec son pavillon central coiffé de combles de haute allure, ses lucarnes élancées, et les quatre tourelles qui en flanquent les angles : le tout posé sur une terrasse quadrangulaire solidement édifiée. On y reconnaît aisément l'architecture de la Renaissance.

Je n'ai pas de détails sur les anciens seigneurs; tout ce que je sais, c'est qu'un de nos anciens du collège Saint-François-Xavier, celui qui fut un jour le distingué président du banquet annuel, à qui Mgr Besson, dans une improvisation chaleureuse, avait prédit alors les plus brillantes destinées, celui-là même est devenu par une alliance le commensal privilégié de ce joyau, avec le lac et la terre qui l'entoure. Que les temps sont changés ! On croyait jadis pouvoir faire des prédictions, regarder l'avenir, escompter des espérances. Tout est sombre aujourd'hui, et la trompette sacrée n'annonce pas encore, il s'en faut, les jours de fête.

En regagnant la rive opposée du lac, après le détour qu'il a fallu faire derrière le château, on se retourne pour le revoir, on désirerait en emporter une image fidèle, aussi les photographes amateurs s'évertuent à trouver un point d'où la façade se présente bien, avec assez de recul et un peu d'eau au premier plan ; c'est fort difficile, souvent elle est masquée, d'autres fois les arbres, prenant racine jusque dans l'eau, empêchent l'accès du bord. Tous ces retards enlèvent à notre bande sa cohésion. De plus, en quittant le lac, en disant adieu à ses ombrages, à ses roches tapissées de lierre, nous marchons un peu au hasard : toute trace de chemin a disparu sur une croupe couverte de broussailles d'où on aperçoit bien Marigny qu'il faut atteindre, sans se douter des accidents de terrain qui nous en séparent. Chacun suit son inspiration, s'égare plus ou moins, et il faut se héler pour opérer le ralliement sur la place plantée du village, où les premiers arrivés sont déjà assis. Marigny nous aura imposé, sans en avoir l'air, une petite ascension, car ses maisons sont assez joliment groupées, proprettes et fleuries, sur une sorte d'éperon qui domine un ravin desséché.

On retrouve ici la route poudreuse, aussi le soleil que l'on juge cuisant et sans pitié. A abattre ainsi des kilomètres, le charme est rompu, la résistance musculaire est seule en action, et chez plusieurs elle faillit ; c'est pourquoi le chapelet s'égrène de plus en plus, les groupes se distancent ; cependant l'heure presse, le train de 5 h. 21 est le seul possible, le dernier, à 9 heures, nous obligerait à coucher en route. A un passant on demande : « Hé ! mon brave, est-ce loin, la gare ? — Pas bien, une petite heure. » Mais comment donc, nous n'arriverons pas, on ne voit pas encore Montigny ; il faut y trouver une voiture pour les traînards. Chacun sait en effet que l'heure des campagnards se compte non pas par les aiguilles de la montre, mais par la longueur de leurs jambes. Le P. Dagnaud veut courir en avant ; mais voici qu'un des nôtres, un franc-coureur celui-là, part au pas gymnastique pour chercher le secours attendu.

Nous avons de la chance. Presque à l'entrée de Montigny, un peu en retrait de la route et à demi isolée, voici une bonne grosse ferme, une de ces fermes solidement établies, avec la bonne physionomie du temps passé ; on sent que cela a duré et que cela durera. On y trouve toutes les ressources : les vastes granges pour les récoltes, les larges écuries pour le bétail, les logements pour le nombreux personnel, maîtres et domestiques ; et il y a des chevaux dans l'écurie et des chars sous les remises, et des provisions sans doute, et du linge, et de la vaisselle, un air d'aisance partout. Il y a encore une brave femme dans la cuisine, qui, en nous voyant, va quérir son homme déjà prévenu et en train d'arranger ses harnais, sans hâte parce qu'on a toujours le temps. « Avez-vous une voiture ? dit le P. Dagnaud. — Hé oui, on en a. — Pouvez-vous nous conduire à la gare en vingt minutes ? — Hé sans doute. — Bien, vous irez d'abord chercher les retardataires. » On fait prix, ce qu'il ne faut jamais oublier. Le vieux sort un char où il y a peut-être quatre ou cinq places, mais on s'y mettra bien huit ou dix. C'est vite attelé ; on y charge d'abord les sacs qui nous coupaient les épaules, et le cheval qui, lui aussi, a l'air de ne pas se presser, fait tout de même du chemin.

Pendant ce temps nous pénétrons dans la cuisine, et avisant le bassin de cuivre, l'eau qui paraît fraîche, nous croyons pouvoir y puiser et nous désaltérer, car il a fait si chaud. « A votre service, dit la bonne femme; tout mon monde est dehors, mais on ira vous chercher du vin. — Merci, ce sera pour une autre fois; les autres vont arriver. » Les voilà en effet, on les a récoltés à la file, éreintés ; il y avait des éclopés assis sur un tas de pierres; mon Dieu, ce n'est pas surprenant; nous avons bien fait à pied une trentaine de kilomètres, sans parler de ceux qui ont eu plus dans les jambes les vingt-quatre kilomètres de la course à Morez. Cette carriole est donc la bienvenue; quand elle paraît pleine il y a toujours de la place; ceux qui restent peuvent donc s'y hisser. D'ailleurs, il n'y a qu'à descendre. La traversée de Montigny est tout de suite faite et bientôt on aperçoit Pont-du-Navoy et le cours de l'Ain. Il est naturel de s'attendre à le passer sur un pont : effectivement il existe. Ce pont est plus long de beaucoup que la rivière n'est large, du moins en ce moment; mais elle est inconstante et on a dû parer à ses caprices.

Champagnole. — Le retour

Pas d'accident, personne ne manque à l'appel : tout bien compté, nous nous retrouvons dix-neuf, juste cinq minutes avant le départ. Dans vingt-cinq minutes le train nous aura transportés à Champagnole, sur une ligne monotone. Il y a bien à peu de distance des sites pittoresques et très accidentés ; les ingénieurs ont eu surtout, dans leur tracé, la préoccupation de les éviter; cela se conçoit. Par contre, la ville de Champagnole, où nous passions hier soir (cela semble si loin), et qui paraissait tranquille, est aujourd'hui en pleine fête; des drapeaux partout, même au clocher de l'église; une foule agitée, des toilettes, des uniformes, des enfants qui crient, des pétards qui éclatent ; et par-dessus tout le vacarme coupable des orgues de Barbarie, et d'autres instruments plus barbares encore.

Nous avons près d'une heure et demie d'arrêt, que pourrons-nous bien faire? On a prévu au programme un dîner, un souper, que sais-je? Mais nous avons si copieusement déjeuné qu'il est trop tôt pour recommencer : une collation, peut-être, et encore on y va sans conviction; il y en a qui disent qu'ils n'ont pas faim. — Ah! vous croyez ça, eh bien, nous verrons ça tout à l'heure, à la grande table d'hôte de l'hôtel Dumont : retenez bien ce nom. Cet hôtel n'est pas tout près de la gare ; en nous y rendant, nous croisons sur le boulevard de la ville toute la haute société de l'endroit. Le boulevard est très animé, et plus large, ma foi, que ceux de Besançon, qui n'existent pas; les dames jouent de l'éventail : plus d'ombrelles, le temps s'est couvert; les hommes échangent quelques coups de chapeau, car il s'en trouve parmi nous qui ont retrouvé là des connaissances. Dans la vaste salle à manger où nous avons pris place, en demandant un dîner restreint, le service met de l'insistance à nous offrir des plats de toute sorte : et, chose stupéfiante, ceux qui n'avaient pas faim trouvent le moyen de faire honneur à la kyrielle des hors-d'œuvre, des entrées, des rôtis, des relevés, des entremets; il y a même tous les fruits de la saison, qui sont ici des primeurs.

Pendant le dîner, une musique militaire se fait entendre dans la rue, il y a des uniformes; et toutes les filles de service de se précipiter aux fenêtres : songez donc, ce sont des militaires. Mais non, c'est quelque fanfare municipale, avec drapeaux et bannières. En même temps, la pluie se met à tomber : tant mieux, elle abattra la poussière, d'autant plus qu'elle ne dure pas.

Reste la carte à payer : elle n'est pas chère. Merci, cher monsieur Dumont, c'est merveille si vous faites vos affaires; vous nous avez traités en amphitryon et non pas en maître d'hôtel; on s'en souviendra. Quittons cette salle de festin, et courons au chemin de fer.

En redescendant le boulevard, la circulation n'est pas facile, les abords étant encombrés de chevaux de bois, de toute la série des jeux forains; il y a même une grande roue, qui probablement fait plus de recettes que celle de la grande Exposition universelle. Nous ne l'y aiderons pas; mais n'avons-nous pas aussi fait la fête, et ces réjouissances ne sont-elles pas comme le bouquet qui illumine notre retour? Les wagons sont prêts, on y dormira quelque peu pour se réveiller à onze heures à Besançon.

La journée est finie : rendons grâces à ceux qui l'ont si agréablement organisée; que ce soit un encouragement, car elle marquera dans les annales de la conférence Saint-Thomas d'Aquin; souhaitons que nos aimables et honorés confrères viennent plus nombreux une autre fois; que les liens qui nous unissent demeurent ce qu'ils ont toujours été, cordialité, saine discipline, émulation dans le travail et commune envie de bien faire.

BESANÇON. — IMPRIMERIE DE PAUL JACQUIN.

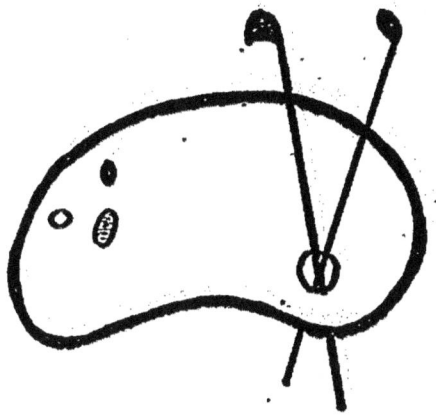

ORIGINAL EN COULEUR
NF Z 43-120-8

www.ingramcontent.com/pod-product-compliance
Lightning Source LLC
Chambersburg PA
CBHW060608050426
42451CB00011B/2152